Peter Boekholt · Im Aufbruch

Peter Boekholt

Im Aufbruch

Wege ins Leben

Verlag Butzon & Bercker Kevelaer

Mitglied der »verlagsgruppe engagement«

CIP-Kurztitelaufnahme der Deutschen Bibliothek

Boekholt, Peter:
Im Aufbruch: Wege ins Leben / Peter Boekholt. – Kevelaer: Butzon und Bercker, 1985.
ISBN 3-7666-9405-7

ISBN 3-7666-9405-7

Umschlaggestaltung: Gerd Meussen, unter Verwendung eines Fotos von Werner H. Müller.
Herstellung:
Bercker Graphischer Betrieb GmbH, Kevelaer.

Für alle Jugendlichen,
die sich in diesen Gebeten
wiederfinden können!

Inhalt

III DIE GUTE SEITE ERKENNEN

IV SICH SELBST GEBEN

Im Aufbruch – *Wege ins Leben*

Unterwegs sein – Reisen – das kann aufregend, erlebnisreich, manchmal sogar abenteuerlich sein. Ist es nicht eine Freude, immer wieder neue Gegenden kennenzulernen, neue Eindrücke zu erfahren? Die Vielfalt der Schöpfung ist unübersehbar – wir müssen sie nur entdecken. Wir müssen uns nur auf den Weg machen, uns *aufmachen.* Das kann anfangs sogar eine kleine Überwindung kosten (vielleicht wenn wir sehr früh aufstehen müssen oder der Weg – etwa im Gebirge – nicht ungefährlich ist). Doch dann erlebt man, daß sich die Überwindung gelohnt hat. Wenn man mit guten Freunden unterwegs ist oder interessante Menschen trifft, ist es vielleicht noch bereichernder. In solcher Gemeinschaft kann man viel Glück erfahren.

Nun wird auch unser Leben oft mit einer Reise oder einem Weg verglichen. Man spricht vom Lebensweg, von der Lebensreise. Man kann vielleicht auch sagen, daß es viele Wege sind (Teilstrecken könnte man sie auch nennen), die unser Leben ausmachen.

Nicht jede Wegstrecke scheint von vornherein vielversprechend oder lohnend. Bisweilen würden wir gern bestimmte Wegstrecken vermeiden oder überspringen, weil sie uns langweilig scheinen oder uns Furcht einflößen. Aber auch diese nicht leicht gangbaren (Lebens-)Wege haben ihren Sinn. In diesem Fall ist es eine Hilfe, wenn wir solchen Weg mit guten Freunden gehen können, die dann mit uns zusammen aufbrechen oder uns beim Aufbruch helfen. Mut zu solchen Wegen – der gehört schon dazu. Aber der kommt, wenn wir uns wirklich bemühen, die Ängste zu überwinden. Damit gewinnen wir ja Selbstvertrauen. Und wichtig ist auch, daß wir einen solchen schwierigen Weg als den *unsern* annehmen. Es ist ja *unser* Lebensweg. Dieses „Annehmen" hat wieder etwas mit „aufmachen" zu tun – im Sinn von „sich öffnen". Wir akzeptieren, daß Schwierigkeiten da sind, stellen uns ihnen. Eine solche (innere) Öffnung setzt oft völlig neue Kräfte frei. „Offen" können wir das „Abenteuer Leben" viel besser bestehen. Und nur wenn ich offen bin, können – zum Beispiel – Verständnis und Liebe in mir wachsen, mich erfüllen. Bin ich selbst erfüllt, dann kann ich abgeben, weiterschenken, andere „erfüllen".

Es kommt vor, daß wir für eine Teilstrecke unseres Lebens, die in Angriff zu nehmen lebenswichtig wäre, zu sehr „zu", zu sehr geschlossen sind. Wir wagen es nicht. Wir sind voller Angst. Dann müssen wir etwas mehr tun. Dann müssen wir etwas, was vielleicht verkrustet oder verfestigt ist, mit Gewalt *aufmachen* – müssen es *aufbrechen:* felsenfeste Meinungen und (Vor-)Urteile aufbrechen; steinharte Beziehungen wieder erweichen; seelisches Packeis schmelzen lassen.

So hat diese Erfahrung des „Aufbrechens" ihre besondere Bedeutung in den Beziehungen zu meinen Weg-Gefährten. Das können Freunde, Verwandte sein, Schulkameraden, Berufskollegen. Ihre Lebens-Wege kreuzen sich ja mit den meinen. Und nur dann, wenn ich bereit bin, mich immer wieder neu *aufzumachen* – mich *aufzubrechen* – also *im Aufbruch* bin: dann werden *Wege ins Leben* möglich,

freigelegt; ganz neue, vielleicht sehr unkonventionelle Sichtweisen zeigen sich. Ich erfahre dann den anderen, Freund oder Feind, den Ängstlichen, Aggressiven, den Behinderten, den Vor-Verurteilten ganz anders, ganz neu. Überrascht entdecke ich, daß auch der, von dem ich es nie erwartet habe, mir Freund und Weggefährte sein kann.
Noch eins ist wichtig: Wenn ich mich selbst *aufbreche,* dann kann auch ich mich neu erfahren, dann werden Kräfte in mir frei, die ich nie gespürt habe, weil sie unter meiner versteinerten Oberfläche verborgen, eingesperrt waren.
Wenn *ich mich aufbreche* und anderen bei ihrem Aufbruch den „Sprengstoff" des Vertrauens liefere, dann können *wir gemeinsam Wege ins Leben* finden, die begehbar und sinnvoll sind und schließlich in jenen Weg einmünden, von dem Jesus einmal sagte, daß ER dieser Weg sei: „Ich bin der Weg und die Wahrheit und das Leben" (Johannes 14, 6).

I

Positiv denken

Wende dein Gesicht
der Sonne zu,
dann fallen
die Schatten
hinter dich.

Aus Afrika

1 *aufbrechen können*

Jeder Tag ist doch eigentlich,
so dachte ich mir,
ein kleines, neues Leben:
Mit seiner Geburt am Morgen
und seinem Sterben am Abend.
Nur mache ich,
so glaube ich, Herr,
den Fehler,
daß ich immer wieder neu
das Heute
mit festen Tauen
an die Ufer
meiner Sehnsüchte
und Pläne von gestern
festbinden will.
Und das geht dann
oft genug daneben –
klappt nicht.
Sehnsucht wieder nicht erfüllt!
Plan gescheitert!
Es ist wohl natürlich,
wenn ich den
sterbenden Abend
nicht mag,
sondern immer nur
den lebendigen Morgen
umarmen will.
Aber das geht nun mal nicht;
neues Leben
fordert immer
– mal ziemlich kraß gesagt –

das Sterben des alten Lebens.
Und so bitte ich dich, Herr,
daß ich mich immer
auf den *neuen* Tag einlassen kann
und bereit bin,
den *alten* sterben zu lassen.
Daß ich mich nicht zu sehr festhalte
an den kleinen Enttäuschungen
oder durchkreuzten Plänen
von gestern,
sondern mit frischen Kräften
neu an die „Sache" herangehe
(denn vielleicht gibt es noch
ganz andere Möglichkeiten,
gänzlich übersehen bis jetzt) –
und daß ich auch neu
an einen Menschen herangehe:
ihm eine neue Chance gebe
und auch mir selbst!

Herr,
laß mich *aufbrechen können*
in einen neuen Tag,
in ein neues Leben.

Wenn aber Gott schon das Gras so prächtig kleidet, das heute auf dem Feld steht und morgen ins Feuer geworfen wird, wieviel mehr dann euch, ihr Kleingläubigen! Macht euch also keine Sorgen und fragt nicht: Was sollen ▽

▽
wir essen? Was sollen wir trinken? Was sollen wir anziehen? Denn um all das geht es den Heiden. Euer himmlischer Vater weiß, daß ihr das alles braucht. Euch aber muß es zuerst um sein Reich und um seine Gerechtigkeit gehen; dann wird euch alles andere dazugegeben.
Sorgt euch also nicht um morgen; denn der morgige Tag wird für sich selbst sorgen. Jeder Tag hat genug eigene Plage.

Matthäus 6, 30–34

2 *Zukunft wagen*

Manchmal
geht es mir schlecht,
da hab ich keinen „Bock",
da ist alles schwarz
um mich – in mir.
Manchmal glaube ich,
es *war* alles sinnlos:
daß meine Eltern geboren wurden,
daß sie gesund aufwuchsen,
daß sie sich liebten,
daß sie geheiratet haben,
daß sie JA zu meinem Leben gesagt haben,
daß sie mich aufgezogen haben,
daß sie mich geliebt haben,
geliebt haben,
daß sie mich zum Kindergarten geschickt haben,

daß sie mich zur Schule geschickt haben,
daß sie mir das Geld für die Uni gegeben haben
und daß sie mich immer noch lieben!
Manchmal glaube ich, daß alles sinnlos *ist:*
daß ich eine gute Existenz habe,
daß ich viele Freunde habe,
daß man mich um Rat fragt,
daß ich gesund bin,
daß ich *hier* und *jetzt* lebe,
lebe, atme, *liebe!*

Herr, diese Gedanken kommen aber
zum Glück
nur manchmal!
Herr, laß mich *Zukunft wagen*
mit diesen dunklen Stunden
oder Momenten
oder Augenblicken
und laß mich
all das Helle und Schöne des Lebens
und die Liebe,
die mir geschenkt wurde,
nicht übersehen!

Glaube aber ist:
Feststehen in dem,
was man erhofft,
Überzeugtsein von Dingen,
die man nicht sieht.

Hebräer 11, 1

3 *erleben*

Der Alltag ist hart:
zur Schule –
zur Arbeit (oder zum Arbeitsamt...) –
in den Feierabend –
mit und ohne
Konflikte.
Jahrein,
jahraus.
Und endlich:
der Urlaub;
da will ich was *erleben* ...
und kehre
enttäuscht nach Hause zurück!
Herr, ist das alles?
Ein paar Stunden Meer,
mit Sonne und Strandkorb?
Ein ganzes Jahr schuften
für drei Wochen Sylt?
Meer,
das ist okay.
Doch ist nicht
mehr drin in
dreihundertfünfundsechzig
Lebenstagen?

Herr,
laß mich *erleben*
so intensiv
wie den Urlaub
den Alltag –
die Schule –

die Arbeit –
den Feierabend –
und die Konflikte.
All das gehört auch
zu meinem Leben
und will gelebt werden.
Herr,
laß mich täglich
das Leben *erleben!*

> Preist den Herrn,
> ihr Nächte und Tage;
> lobt und rühmt ihn in Ewigkeit!
> Preist den Herrn,
> Licht und Dunkel;
> lobt und rühmt ihn in Ewigkeit!
>
> *Daniel 3, 71–72*

4 frei sein

Im letzten Sommer
war ich am Meer!
Es war wunderbar:
kein Streß –
kein Ärger –
kein Büro –
kein Alkohol –
keine Zigaretten.
Ein paar Freunde hatten

diese Idee
und wir haben
über uns gelacht
und die Wetten standen nicht gut
aber wir hatten guten Willen
und haben gesiegt.
Gesiegt
und ich spürte auf einmal,
wie wunderbar es ist
frei zu sein
vom Trinken-*Müssen*
vom Rauchen-*Müssen,*
frei zu sein
von derartigen Zwängen.
Es gibt Zwänge
die sind unvermeidlich
wie:
täglich ins Büro gehen
(schließlich müssen ja
die täglichen Brötchen
irgendwoher kommen...) –
und vermeidbare Zwänge,
siehe oben!
Aber zu Hause
in der gewohnten Umgebung
fern von den Freunden
auf eigenen Füßen
allein
ging's wieder schief...
und nicht nur das!

Herr,
laß mich auch ohne Freund in der Nähe
frei sein, einfach *frei!*

Jeder soll in dem Stand bleiben, in dem ihn der Ruf Gottes getroffen hat. Wenn du als Sklave berufen wurdest, soll dich das nicht bedrükken; auch wenn du frei werden kannst, lebe lieber als Sklave weiter. Denn wer im Herrn als Sklave berufen wurde, ist Freigelassener des Herrn. Ebenso ist einer, der als Freier berufen wurde, Sklave Christi. Um einen teuren Preis seid ihr erkauft worden. Macht euch nicht zu Sklaven von Menschen!

1 Korinther 7, 20–23

5 *etwas riskieren*

Wenn ich mich
mal so richtig betrachte,
bekomme ich doch
bisweilen ein bißchen Angst:
Faule Kompromisse,
Mitläufer,
Feigling und Bückling,
ja! Genauso!
Gutes Essen und Trinken!
Ja!
Und dann auch noch
immer wieder soundso oft
ICH!
Ja!
Eitelkeit und Stolz
sind auch fast immer dabei.

Und immer wieder
schaue ich
nach rechts und nach links:
was die anderen tun,
wie die anderen entscheiden,
wie die anderen urteilen
und *sage* oft,
was sie gern hören,
und *denke* bei mir:
Du kannst mich mal!

Herr, *du* kannst mich mal
was *riskieren* lassen...
Kein fauler Kompromiß;
keine Befriedigung der Eitelkeit,
sondern ein bißchen mehr
Ehrlichkeit...
DU bist das Angebot der Stunde;
ich biete mich an.

Wer Vater oder Mutter mehr liebt als mich, ist meiner nicht würdig, und wer Sohn oder Tochter mehr liebt als mich, ist meiner nicht würdig. Und wer nicht sein Kreuz auf sich nimmt und mir nachfolgt, ist meiner nicht würdig. Wer das Leben gewinnen will, wird es verlieren; wer aber das Leben um meinetwillen verliert, wird es gewinnen.

Matthäus 10, 37–39

6 *stark sein*

Nun sind sie vorbei,
die Wochen der
Angst und Not,
der Zweifel und Unsicherheit,
der Hoffnung:
Ich, selbst noch Kind,
bekomme ein Kind.
Schreckliche Wochen
zu Hause –
in der Schule –
auf der Straße –
überall.
„Die schon ein Kind?"
„Selbst noch ein Kind!"
Und tausend Gedanken
und Wünsche und Beten
und Angst um die Zukunft.
Und es bewegt sich
bewegt sich...
und zwischendurch
Jugendamt, Fürsorge,
feindselige Blicke,
Unverständnis!
„Wie konntest du nur?"
Und obwohl jetzt zu zweit,
bin ich allein.
Bis zu der Wende,
freitags im Bus
– übervoll –:
ein Mann steht
rücksichtsvoll auf

und lächelt mir zu
und bietet mir dann
seinen Sitzplatz an
und lächelt.
Klar ist sein Blick,
verstehend sein Gruß,
herzlich sein Tun.
Gesegneter Leib?
Gesegneter Leib!
Ich bin wieder stark
und glaube seit Freitag
wieder an Gott.
Bin wieder stark
für mich
und mein Kind,
mein Kind
mein *Kind!*

Herr,
laß mich *stark sein!*

> Fürchte dich nicht,
> denn ich bin mit dir;
> hab keine Angst,
> denn ich bin dein Gott.
> Ich helfe dir,
> ja, ich mache dich stark,
> ja, ich halte dich
> mit meiner hilfreichen Rechten.
>
> *Jesaja 41, 10*

7 *lachen*

So vieles wissen wir über dich, Herr:
Du hast Kranke geheilt,
Kinder gesegnet,
Teufel ausgetrieben,
Brot vermehrt,
Wasser in Wein verwandelt,
Tote wieder erweckt.

Du hast den Seesturm beruhigt,
die Bitten der heidnischen Frau erhört,
viertausend gespeist,
den Pharisäern das Zeichen verweigert,
den Geldwechslern die Tische umgeworfen
und kräftig mit ihnen gehadert.

Du hast den mondsüchtigen Jungen geheilt,
den zwei Blinden bei Jericho
das Augenlicht wiedergeschenkt,
den Feigenbaum verflucht,
weil er nur Blätter trug
und keine Früchte.

Du bist als kleiner Junge
deinen Eltern davongelaufen
als Jugendlicher
ganz schön frech zu den Schriftgelehrten
und als junger Mann
ganz schön anspruchsvoll gewesen
so von wegen
„alles verlassen..."

Aber gestatte mir die Frage:
Wann hast du eigentlich mal *gelacht?*
Und während ich noch grüble
und richte
und schaue,
da sehe ich
ein Kind
und seine Mutter
und sie lächeln –
sind glücklich –
schenken sich Zuneigung,
Zärtlichkeit
und vor allem Liebe.

Herr laß mich *lachen*
und lieben
und durch mein Lachen
DEIN LACHEN
einer Welt verkünden,
die du so sehr liebst.

> Preist den Herrn mit der Zither, spielt für ihn auf der zehnsaitigen Harfe!
> Singt ihm ein neues Lied, greift voll in die Saiten und jubelt laut!
> Denn das Wort des Herrn ist wahrhaftig, all sein Tun ist verläßlich.
> Er liebt Gerechtigkeit und Recht, die Erde ist erfüllt von der Huld des Herrn.
>
> *Psalm 33, 2–5*

8 *umarmen*

„Im Anfang schuf Gott Himmel und Erde",
heißt es in der Bibel,
und ich mache mir bewußt,
was der Herr alles geschaffen hat:
Licht und Dunkel,
Wasser und Himmel,
Land, Pflanzen, Bäume, Früchte,
Sonne und Mond und unzählige Sterne!
Vögel und Seetiere,
Kriechtiere und
alle Arten von Tieren.
Und dann den Menschen:
den weißen und schwarzen
den Gebildeten und den Ungebildeten
und alle sind *sein* Ebenbild!
Ich auch: sein Ebenbild!
Du auch: sein Ebenbild!
Er, sie: sein Ebenbild!
Wir, ihr: sein Ebenbild!

Herr, laß mich die Welt –
laß mich dein Ebenbild *umarmen!*

> Gott sah alles an,
> was er gemacht hatte:
> Es war sehr gut.
>
> *Genesis 1, 31*

Von sich absehen lernen
ist nötig, um viel zu sehen.

Friedrich Nietzsche

II

Über seinen Schatten springen

9 *umkehren*

Gestern abend,
als ich im Bett lag
und nicht einschlafen konnte,
da stiegen die Bilder des Tages
noch einmal in mir hoch.
Da dachte ich nach über mich,
und dabei
bin ich ganz gut weggekommen!
Die „Gewissenserforschung" ergab:
Ich habe keinen umgebracht,
habe keinen bestohlen
oder ausgeraubt!
Ich habe wohl schon
mal gelogen,
mal gestänkert,
mal über andere geredet,
mal falsches Zeugnis gegeben,
mal wissentlich einen schlecht gemacht und
in die Pfanne gehauen –
so nennt man das wohl. –
Aber
das tun ja alle schon mal.
Der Rausch gestern abend
war doch bloß Ergebnis
der Bombenstimmung unter uns,
und der kurze Streit
nach Mitternacht
mit Ulli
war nur eine unbedeutende Geschichte.
Das Rot an der Ampel
war ja eigentlich

noch in der letzten
Gelbphase,
und ohnehin (ziemlich) ungefährlich,
denn ich hatte die Straße
im Griff,
es war Nacht
und Radar war nirgendwo zu sehen;
ich hatte auch mein Auto
im Griff
wie *alles!*
Ja, Herr, gestern abend,
als ich so über mich nachdachte,
da war ich sehr zufrieden mit mir,
da bin ich ganz gut weggekommen –
weg-ge-kommen,
von dem, was man (vielleicht)
ein sensibles Gewissen nennt.
Wie viele der „kleinen" Dinge
die ich tat und
die gemein und verantwortungslos waren.
So muß ich dich heute bitten:

Herr, laß mich *umkehren.*

Kehrt um zu ihm,
Israels Söhne,
zu ihm,
von dem ihr euch
so weit entfernt habt.

Jesaja 31, 6

10 danken

Wenn ich so meine Bude betrachte,
muß ich sagen:
eigentlich ganz prima:
Stereoanlage,
Wimpel vom Sportverein,
einige tolle Bücher,
Blumen,
Kerze mit Leuchter aus Spanien
das Bild von
Claudia an der Wand.
Die Geräusche aus der Küche
stören manchmal meine Musik,
aber sonst ist
Mutter o. k.
Vater fragt abends schon mal:
„Na, wie geht's?"
Und ich sage:
„Ganz gut, Hans!"
Der Ärger im Fußballverein ist erträglich,
der Urlaub hätte besser sein können,
aber was soll's:
dafür war er billig,
weil Mutter und Vater dabei waren
und Claudia.
Beim letzten Arztbesuch sagte man mir:
„Sie strotzen vor Gesundheit!"
Das macht
der tägliche Sport,
ist doch selbstverständlich.
Selbstverständlich??
Und Bude

und Mutter und Vater
und Fußball und Claudia
und und und...
Das alles, ist es
selbstverständlich?
Selbst-
verständlich...

Herr, lehre mich *danken!*

> Sagt Gott, dem Vater,
> jederzeit Dank
> für alles im Namen Jesu Christi,
> unseres Herrn!
>
> *Epheser 5, 20*

11 verzeihen

Die größte Enttäuschung
meines Lebens
habe ich immer noch nicht
überwunden:
Ich befand mich in großen
Schwierigkeiten.
Zu wem sollte
ich gehen?
Da gab es eigentlich nur
eine Möglichkeit:
zu meinem besten Freund.

Ich erzählte ihm mein Problem
und bat ihn,
mir zu helfen.
Ich wußte, daß *er*
mir helfen würde,
denn er war ja
mein Freund.
Wie erstaunt und enttäuscht war ich aber,
als er zu mir sagte:
Laß mich in Ruhe,
ich habe keine Zeit –
als er mir so statt
Brot
einen
Stein
gab.
Und seitdem liegt
in meinem Herzen
dieser Stein.
Herr, laß mich,
wenn *er* zu *mir* kommt,
ein *Brot* zur Hand haben.

Herr,
laß mich *verzeihen!*

> Bittet, dann wird euch gegeben;
> sucht, dann werdet ihr finden;
> klopft an, dann wird euch geöffnet.
> Denn wer bittet, der empfängt;
>
> ▽

▽
wer sucht, der findet;
und wer anklopft, dem wird geöffnet.
Oder ist einer unter euch,
der seinem Sohn einen Stein gibt,
wenn er um Brot bittet,
oder eine Schlange, wenn er um Fisch bittet?

Matthäus 7, 7–10

12 entgegengehen

Zwei Jahre lang kannten wir uns schon.
Aber so war es noch nie!
Schon vierzehn Tage,
daß wir kein Wort mehr
miteinander wechseln.
Denn das war zuviel:
Mich eine Verschwenderin zu nennen!
Und die anderen Worte,
die er noch gebrauchte!
Und wir begegnen einander
täglich
und schweigen.
Wir sitzen am selben Tisch
und schweigen.
Wir teilen dasselbe Bett
und schweigen.
Und schweigen und schweigen
und *so* kann es nicht weitergehen!
Aber diesmal muß *er*

den ersten Schritt tun.
Sooft habe *ich*
ihm Brücken gebaut.
Diesmal
kann ich es nicht,
diesmal nicht!
Und doch spüre ich:
Er wartet auf mich!
Herr, wie hättest *du* es gemacht?
Ach ja:
nicht siebenmal
sondern siebenundsiebzigmal.
Das Schweigen
macht einsam,
macht mürbe, reibt auf,
macht tot!

Herr, lehre mich *entgegengehen,*
nicht siebenmal,
sondern siebenundsiebzigmal.

> Da trat Petrus zu ihm und fragte:
> Herr, wie oft muß ich meinem Bruder vergeben,
> wenn er sich gegen mich versündigt?
> Siebenmal?
> Jesus sagte zu ihm:
> Nicht siebenmal,
> sondern siebenundsiebzigmal.
>
> *Matthäus 18, 21–22*

13 *zustimmen*

Nichts geht mir mehr auf den Wecker
als die ewigen JA-Sager.
Ja, Herr Studienrat
Ja, Meister
Ja, Herr Betriebsrat
Ja, Herr Doktor
Ja, Herr Geschäftsführer
Ja, Herr Müller
Ja, Herr Meier
Ja, Fritz
Ja, Anna
Ja, lieber Gott!
Und dann zu Hause sagen sie:
Also *nein,* dieser Studienrat
Also *nein,* dieser Meister
Also *nein,* dieser Betriebsrat
Also *nein,* dieser Doktor
Also *nein,* dieser Geschäftsführer
Also *nein,* dieser Müller
Also *nein,* dieser Meier
Also *nein,* dieser Fritz
Also *nein,* diese Anna
Also *nein,* dieser Gott!
Und genauso mache auch ich es.
Aus Feigheit.
Um mich einzuschmeicheln.
Um Unannehmlichkeiten auszuweichen.

Wie unehrlich ist das doch alles.
Herr, lehre mich dort nein zu sagen,
wo es nötig ist.

Lehre mich aber auch,
dort ja zu sagen,
wo es nötig ist,
auch wenn es mir vielleicht
gegen den Strich geht.
Ohne Groll.
Heißt das nicht auch letztlich
den Menschen zu bejahen –
anzunehmen –
ja zu sagen zum
Studienrat
Meister
Betriebsrat
Doktor
Geschäftsführer
zum Herrn Müller oder Meier
zu Fritz oder Anna?
Und erst dann
JA sagen zu Gott.
Und ist das Nein-Sagen,
dort wo es nötig ist,
nicht genau betrachtet,
ein Ja-Sagen zu mir selbst?
Denn nur,
wenn ich *innerlich* zustimme,
kann ich auch
JA sagen
zu allen Menschen und
JA
sagen zu
GOTT.

Herr, lehre mich *zustimmen.*

Legt deshalb die Lüge ab,
und redet untereinander
die Wahrheit;
denn wir sind als Glieder
miteinander verbunden.

Epheser 4, 25

14 teilen

Fast täglich begegnen sie mir:
die Bettler am Straßenrand,
Obdachlose, Gammler
oder solche,
die aus dem Gefängnis
entlassen wurden
und auf einem Stückchen Karton
um etwas Geld bitten
oder sogar
um einen Arbeitsplatz.
Und irgendwie
gehören sie zum Bild
der Fußgängerzone.
Und sie sitzen da
und sitzen
und sitzen –
warten auf eine Gabe,
warten auf Hilfe.
Und ich gehe
und gehe
und gehe

vorüber.
Dann aber,
aus einer gewissen Distanz,
schaue ich noch einmal zurück,
um die Szene zu beobachten.
Immer wieder gehen die Menschen
vorüber,
und nur selten
fällt eine Münze.
Und auch ich
gehe weiter
und weiter
und weiter
und denke bei mir:
Eigentlich darf das nicht sein.
Und ich kehre zurück,
um eine Münze zu schenken…
und vielleicht auch
ein gutes Wort zu sagen
(wenn es auch unbeholfen sein würde)
dann aber fühle ich mich beobachtet,
lass' es doch sein,
weil ich zu feige bin.
Doch mir wird bewußt:
Für heute ist die Chance vertan,
statt in Taizé
oder Rom
oder in der Kirche nebenan
hier
am Straßenrand
Christus zu treffen.

Herr, lehre mich *teilen,*
um so DICH zu finden.

Dann sagte er zu den Leuten: Gebt acht, hütet euch vor jeder Art von Habgier. Denn der Sinn des Lebens besteht nicht darin, daß ein Mensch aufgrund seines großen Vermögens im Überfluß lebt.
Und er erzählte ihnen folgendes Beispiel: Auf den Feldern eines reichen Mannes stand eine gute Ernte. Da überlegte er hin und her: Was soll ich tun? Ich weiß nicht, wo ich meine Ernte unterbringen soll. Schließlich sagte er: So will ich es machen: Ich werde meine Scheunen abreißen und größere bauen; dort werde ich mein ganzes Getreide und meine Vorräte unterbringen. Dann kann ich zu mir selber sagen: Nun hast du einen großen Vorrat, der für viele Jahre reicht. Ruh dich aus, iß und trink, und freu dich des Lebens! Da sprach Gott zu ihm: Du Narr! Noch in dieser Nacht wird man dein Leben von dir zurückfordern. Wem wird dann all das gehören, was du angehäuft hast? So geht es jedem, der nur für sich selbst Schätze sammelt, aber vor Gott nicht reich ist.

Lukas 12, 15–21

15 *lieben können*

Herr, lehre mich
lieben können:
Anita
Petra
Michael
Paul
Alois
Maria
Theo
Magdalene
Stephan
Andrea
Ulli
Markus
Theresia
Helmut
Hubert
Georg
Gertrud
Valentin
Thomas
Gerda
Doris
Peter
Marlies
Otto
Stefano
Achmed
Achmed?
Das ist doch ein Türke!
Wie?

Herr, lehre mich
dich lieben können
in *allen* Menschen!

Er antwortete ihm:
Du sollst den Herrn,
deinen Gott,
lieben mit ganzem Herzen,
mit ganzer Seele
und mit all deinen Gedanken.
Das ist das wichtigste
und erste Gebot.
Ebenso wichtig ist das zweite:
Du sollst deinen Nächsten lieben
wie dich selbst.
An diesen beiden Geboten
hängt das ganze Gesetz
samt den Propheten.

Matthäus 22, 37–40

16 lassen

Jedes Abschiednehmen
oder jedes Lassen
ist ein kleines Sterben!
Abschied
vom warmen Mutterleib,
vom Kindergarten,
von der Schule,

vom Lehrbetrieb,
von der Heimat,
oder von einem Menschen.
Oder auch
diese Art des Lassens:
Mein ICH
ein bißchen zurücklassen
oder hintanstellen
oder von guten
(oder schlechten)
Gewohnheiten lassen
oder Menschen
oder Dinge zurücklassen:
ist alles
ein kleines Sterben!
Doch es führt
kein Weg daran vorbei,
daß ich manchmal
Abschied nehmen muß
und daß ich oft
lassen muß.
Das ist gut so eingerichtet,
damit ich dann,
wenn ich für immer
von dieser Erde
Abschied nehmen muß
und liebgewonnene Menschen
und Dinge
zurücklassen muß,
daß ich dann *damit*
nicht so große Probleme habe.

Herr, lehre mich
zu *lassen.*

Kehrst du zum Allmächtigen um,
so wirst du aufgerichtet.
Hältst Unrecht deinem Zelt du fern,
wirfst in den Staub das Edelgold,
zum Flußgestein das Feingold,
dann wird der Allmächtige dein Edelgold
und erlesenes Silber für dich sein.
Dann wirst du am Allmächtigen dich erfreuen
und zu Gott dein Angesicht heben.

Ijob 22, 23–26

III

Die gute Seite erkennen

Viele Menschen wissen,
daß sie unglücklich sind;
aber noch
viel mehr Menschen
wissen nicht,
daß sie glücklich sind.

Albert Schweitzer

17 „Franz Müller" sein

Jeder
lebt anders
denkt anders
spricht anders
glaubt anders
und *sieht* den
anderen immer anders:
besser,
glücklicher
als sich selbst!
Den jungen, dynamischen Menschen
bewundere ich wegen seiner Sportlichkeit,
den alten, ergrauten
wegen seiner reichen
Lebenserfahrung!
Während ich interessiert
in der Lebensgeschichte
der anderen lese,
verstaubt *mein* Buch,
das von „Franz Müller",
irgendwo in der Ecke.
Herr, hilf mir,
daß ich mich mag,
daß ich mich *so* annehme,
wie ich bin,
daß ich daran denke,
daß auch ich etwas habe,
was der andere unbedingt braucht
und was *nur ich* ihm
geben kann,
und wenn *ich* es ihm

nicht geben würde,
wäre er ein gewaltiges Stück
ärmer und hilfloser!

Herr, hilf mir,
daß ich mich nicht kleide
wie Karl-Heinz Köpcke
und daß ich nicht Fußball spiele
wie Rummenigge
und daß ich nicht die Mütze
von Helmut Schmidt trage,
sondern laß mich
„Franz Müller" sein!

> Das Wort des Herrn erging an mich: Noch ehe ich dich im Mutterleib formte, habe ich dich ausersehen, noch ehe du aus dem Mutterschoß herauskamst, habe ich dich geheiligt, zum Propheten für die Völker habe ich dich bestimmt!
>
> *Jeremia 1, 4–5*

18 mit dem Finger in den Sand schreiben können

Wie viele Gipfeltreffen und
wie viele Konferenzen
und Beratungen
und wie viele Experten
müssen eingeschaltet werden

und wievielmal
klingelt das rote Telefon
und wievielmal
treffen sich die Staatsmänner
und wie viele Kilometer
und wieviel Energie
und wieviel Streß und Herzschrittmacher
und wieviel Worte und Worte...
und Diplomatie.
Wieviel Versuche,
um den FRIEDEN
gerade noch so eben zu retten!
Und: auf einer anderen Ebene:
wie viele Beweise der
Treue und Liebe,
des Verständnisses und Vertrauens
müssen Liebende einander geben
und wieviel *Worte* müssen sie machen,
bis sie wirklich *aneinander glauben?!*
Wirklich miteinander in *Frieden* leben?
Und dann beobachte ich
ein Kind am Strand.
Es hatte eine kleine Burg gebaut
und dann gespielt:
Angriff und Verteidigung.
Und zum Schluß hatte es
in den Sand geschrieben:
FRIEDE!
So einfach war das für das Kind.
Und für mich?
Wie schwer ist das!

Herr, laß mich *mit dem Finger*
in den Sand schreiben können.

Da brachten die Schriftgelehrten
und die Pharisäer
eine Frau,
die beim Ehebruch
ertappt worden war.
Sie stellten sie in die Mitte
und sagten zu ihm:
Meister, diese Frau
wurde beim Ehebruch
auf frischer Tat ertappt.
Mose
hat uns im Gesetz vorgeschrieben,
solche Frauen zu steinigen.
Nun, was sagst du?
Mit dieser Frage
wollten sie ihn
auf die Probe stellen,
um einen Grund zu haben,
ihn zu verklagen.
Jesus aber bückte sich
und schrieb
mit dem Finger auf die Erde.
Als sie hartnäckig weiterfragten,
richtete er sich auf
und sagte zu ihnen:
Wer von euch
ohne Sünde ist,
werfe als erster
einen Stein auf sie.

Johannes 8, 3–7

19 den Zaun abbrechen

Als ich ein kleiner Junge war,
sagte mitunter meine Großtante:
„Du darfst nicht
mit den evangelischen Kindern spielen,
die kommen alle in die Hölle!"
Und heute ist das alles anders!
Die Evangelischen
sitzen mit mir am Arbeitsplatz,
im Restaurant sind sie meine Tischgenossen
und wenn ich Geburtstag habe,
dürfen sie als meine Freunde
natürlich nicht fehlen.
Gott sei Dank, Herr,
wir leben ganz gut miteinander
und wissen,
daß auch die evangelischen Christen
in den Himmel kommen.
Aber das gemeinsame Gespräch
über den Zaun
unserer Kirchen hinaus
gelingt noch nicht.
Zu oft reden wir noch von
„bei uns"
und
„bei euch";
wir wissen zu wenig voneinander,
was den Glauben betrifft.

Herr, laß mich den Zaun abbrechen helfen,
der die Konfessionen
voneinander trennt.

So sollen wir alle
zur Einheit im Glauben
und in der Erkenntnis
des Sohnes Gottes gelangen,
damit wir zum vollkommenen
Menschen werden
und Christus in seiner
vollendeten Gestalt
darstellen.

Epheser 4, 13

20 *werden wie ein Kind*

Als ich Sonntag in der Kirche war,
habe ich etwas ganz Interessantes
entdeckt:
etwa zweihundert Erwachsene
beteten,
sangen,
standen auf,
knieten,
schlugen an die Brust,
reichten sich einmal die Hand –
blieben einander
dabei aber ganz fremd,
denn sie kannten sich ja nicht;
und das Handgeben
war auch nur so ein neuer Brauch...
etwa zweihundert Erwachsene
mit ernsten Gesichtern

unbeweglich
steif
lustlos hustend
und mit gefalteten Händen!
ICH war auch einer von ihnen.
Also ein *Fest*
war das nicht!
Und dann sah ich auf einmal
ein Kind,
es lachte und lallte
und freute sich
und rannte hin und her
und ertrug
die Blicke der Erwachsenen,
denn für das Kind
war's ein *Fest:*
es war eingeladen
von Jesus –
und nicht
von Beate und Reinhild
und Alexander und André
wie schon so oft.
Nein, diesmal von Jesus.
Und das war für dieses Kind
wirklich ein Fest,
denn Jesus
war für das Kind
ein wirklicher Freund!
Und ich betete:

Herr, laß mich
werden wie dieses Kind
und wieder an dich glauben
wie ein Kind!

In jener Stunde
kamen die Jünger zu Jesus
und fragten:
Wer ist im Himmelreich der Größte?
Da rief er ein Kind herbei,
stellte es in ihre Mitte
und sagte:
Amen, das sage ich euch:
Wenn ihr nicht umkehrt
und wie die Kinder werdet,
könnt ihr nicht
in das Himmelreich kommen.
Wer so klein sein kann
wie dieses Kind,
der ist im Himmelreich der Größte.

Matthäus 18, 1–4

21 prüfen

Tausend Ideen und
noch viel mehr Pläne,
tausend Wünsche und
noch viel mehr Hoffnung,
tausend Versuchungen und
noch viel mehr Schwächen,
tausend Gebete und
noch viel mehr Gedanken
an Gott
an Menschen
an Dinge

an mich
und an
DICH.
Tausend Möglichkeiten und
noch viel mehr Chancen,
tausend Verdienste und
noch viel mehr Geschenke,
tausend Träume und
noch viel mehr Alltag,
tausend Bedenken und
noch viel mehr Zweifel
an Gott
an Menschen
an Dinge
an mich
und an
DICH.
Tausend Berufe und
noch viel mehr Berufungen,
tausendmal oben und
noch viel mehr unten,
tausendmal Frieden und
noch viel mehr Liebe,
tausendfach Chaos
und noch viel mehr Ordnung
in Gott
in den Menschen
in den Dingen,
in mir
und in dir!

Herr, laß mich *prüfen*
und *das Gute behalten!*

Freut euch zu jeder Zeit!
Betet ohne Unterlaß!
Dankt für alles;
denn das will Gott von euch,
die ihr Christus Jesus gehört.
Löscht den Geist nicht aus!
Verachtet prophetisches Reden nicht!
Prüft alles,
und behaltet das Gute!
Meidet das Böse in jeder Gestalt!

1 Thessalonicher 5, 16–22

IV

Sich selbst geben

Wer nicht gibt,
kann auf die Dauer
nicht empfangen.

W. Heienbrok

22 *umgehen können*

Auf dem letzten Sommerfest
im Juli
traf ich Andreas,
er war jung
siebzehn Jahre alt
voller Ideen und Pläne.
Wollte die Welt erobern –
wie ich.
Er konnte
lachen, weinen,
Konflikte ertragen
oder
daran zerbrechen –
wie ich.
Er hatte Träume,
Hoffnungen, Pläne,
Sehnsucht –
wie ich.
Er dachte oft an Liebe,
Zärtlichkeit,
Geborgenheit –
wie ich.
Doch er lebte nicht
wie ich:
er war behindert,
er saß im Rollstuhl
und er wollte die Welt erobern.
Und ich spürte,
daß Andy
– so nannte man ihn –
sie *mit mir*

erobern wollte.
Mein Freund wollte er sein.
Und ich mochte
den Ausdruck in seinen hellen Augen
und seinen liebevollen Blick.
Aber zwischen uns:
zwischen Andy und mir
war der Rollstuhl
wie eine unüberwindliche Mauer,
und ich wußte,
daß ich diese Mauer nie
überwinden würde.
Ich rannte davon
und vergaß das Sommerfest
und Andy.
Aber immer wieder
tritt Andy in mein Leben.
Wir wechseln ein paar Worte
und ich spüre,
wie glücklich sie Andy machen
und ich spüre,
wie hilflos ich bin…

Herr, laß mich *umgehen* können
mit Andy in seinem Rollstuhl!

Nehmt euch der Schwachen an,
seid geduldig
mit allen!

1 Thessalonicher 5, 14 b

23 begegnen können

Früher kam Bernd sehr oft
und gern zu Besuch
und ich freute mich.
Bei jeder möglichen Gelegenheit
gab es ein Zusammentreffen:
Nach dem Fußball,
nach der Kirche,
nach der Schule,
nach dem Kino,
nach einem Wolkenbruch...
Bernd kam immer,
um nach mir zu sehen.
Ich brauchte nichts zu unternehmen –
Bernd kam immer auf mich zu.
Manchmal waren wir bei mir zu Hause,
manchmal bei ihm,
manchmal im Wald,
manchmal am Fluß,
manchmal an der Bushaltestelle.
Bernd fand immer ein Plätzchen,
wo wir uns treffen konnten.
Heimlich war ich stolz darauf,
daß ich keine Initiative ergreifen mußte.
Ich wurde umworben!
Wir redeten über Liebe und Freundschaft,
über Glück und Enttäuschung
und über alle Dinge der Welt,
aber eines Tages
kam Bernd nicht
zum vereinbarten Treffpunkt,
rief auch nicht an,

und ich sah ihn nicht wieder!
So frage ich mich, Herr,
was habe ich falsch gemacht
oder auch wir beide?
Wir waren soundso oft zusammen
und haben soundso oft
miteinander geredet,
aber unsere Freundschaft zerbrach,
so wird mir klar,
weil wir zwar zusammengekommen,
aber uns nie richtig
begegnet sind.
Denn ich habe Bernd nie gezeigt,
wie gern ich ihn mochte,
habe nur alles hingenommen,
was er mir gab.

Herr, laß mich beim nächsten Mal
auf den anderen zugehen können,
ihm etwas von mir zeigen,
damit auch er sich zeigen kann.
Denn das ist wirkliche Begegnung.
Herr, laß mich *begegnen können.*

Willst du einen Freund gewinnen,
gewinne ihn durch Erprobung,
schenk ihm nicht
zu schnell
dein Vertrauen!

Jesus Sirach 6, 7

24 *treu sein*

Treue ist altmodisch,
erinnert mich an Großvater und Großmutter.
Treue wird
verlacht –
verspottet –
auf dem Asphalt zertreten –
verraten –
bestohlen!
So geht sie auf Wanderschaft
in die Bars und Nachtlokale,
mal hierhin
mal dorthin.
Und ich sehe im Park die zwei Alten,
Arm in Arm
nebeneinander
ohne Worte, einander stützend.
Wie konnten sie nur
vierzig
fünfzig
sechzig Jahre
treu sein
und das Abenteuer der Liebe wagen?
Gott, ich glaube
treu sein lohnt sich,
macht frei,
macht Sinn.

Herr, laß mich *treu* bleiben:
meinem Partner –
meinem DU
und DIR.

Herr, deine Güte reicht, so weit der Himmel ist; deine Treue, soweit die Wolken ziehn. Deine Gerechtigkeit steht wie die Berge Gottes, deine Urteile sind tief wie das Meer.
Herr, du hilfst Menschen und Tieren. Gott, wie köstlich ist deine Huld! Die Menschen bergen sich im Schatten deiner Flügel, sie laben sich am Reichtum deines Hauses; du tränkst sie mit dem Strom deiner Wonnen.
Denn bei dir ist die Quelle des Lebens, in deinem Licht schauen wir das Licht.

Psalm 36, 6–10

25 *gute Worte sprechen*

Rückblickend auf den *Tag* muß ich sagen:
Ich habe geredet
und geredet und geredet
und ab und zu auch geschwiegen.

Rückblickend auf das *Jahr* muß ich sagen:
Ich habe geredet
und geredet und geredet
und ab und zu auch geschwiegen.

Rückblickend auf mein *Leben* muß ich sagen:
Ich habe geredet
und geredet und geredet
und ab und zu auch geschwiegen.

Herr, laß bei der Endabrechnung
die *guten* Worte die schlechten aufwiegen:
die nichtgesagten,
die feigen,
die rücksichtslosen,
die messerscharfen Worte,
die getötet haben oder
ersticken ließen.

Herr, laß mich *gute Worte* sprechen!

Über eure Lippen
komme kein böses Wort,
sondern nur ein gutes,
das den, der es braucht,
stärkt und dem, der es hört,
Nutzen bringt.

Epheser 4, 29

26 lächeln

Ich vergesse nicht mehr
das Gesicht der
alten Ordensschwester
im Landeskrankenhaus.
Als wir unsere bejahrte Tante „ablieferten";
weil wir mit ihr nicht
mehr fertig wurden
und sie auch nichts mehr

bei sich halten konnte,
da *lächelte* die alte Ordensschwester:
„Es wird schon gehen."
Und als wir sie dann mal fragten,
ob das alles nicht für
sie zuviel wäre:
all die Kranken und Aggressiven
und Psychopathen und Neurotiker,
da *lächelte* die alte Ordensschwester:
„Es wird schon gehen."
Und als wir unsere Tante dann einmal
morgens besuchten,
trafen wir die alte Schwester
an ihrem Bett
und als wir abends spät
noch einmal wiederkamen,
trafen wir die alte Schwester wieder.
Und wir wollten ihr sagen,
sich doch auch mal Ruhe zu gönnen
und an sich zu denken,
da *lächelte* die alte Ordensschwester:
„Es wird schon gehen."
Und eines Tages,
als wir wieder einmal unsere Tante besuchten,
war die Ordensschwester nicht mehr zu sehen
an den Betten der Patienten.
Sie war selber
schwer krank geworden,
und als wir sie fragten:
„Können wir was tun für Sie?"
da lächelte sie wieder und sagte:
„Es wird schon gehen."
Dieses Lächeln werde ich
mein Leben lang

nicht vergessen.
Es lag ein tiefes Geheimnis darin,
schmerzlich und freudig
zugleich.

Herr, laß mich *lächeln!*

Seid untereinander so gesinnt,
wie es dem Leben in Christus entspricht:
Er war Gott gleich,
hielt aber nicht daran fest,
wie Gott zu sein,
sondern er entäußerte sich
und war gehorsam
bis zum Tod,
bis zum Tod am Kreuz.

Philipper 2, 5–8

27 trösten

Polizeisirenen,
Notarztwagen,
Feuerwehr,
Privatwagen der Ärzte,
Schaulustige,
Schau-*Lustige,*
und mitten auf der Straße
das tote Kind.
Sieben Jahre alt.

Bilder
des Schreckens,
des Entsetzens,
des Erbarmens.
Die bleichen Eltern
weinen und *hoffen*
immer noch.
Vielleicht lebt es
doch noch?
Und ich stehe dabei
und bin hilflos.
Was soll ich tun?
Gut zureden?
Ablenken?
Abschwächen?
Wie gerne würde ich
ein Wort finden
ein Wort schenken
ein tröstendes Wort
aber ich bringe
nichts heraus,
bin stumm:
Und ich blicke
in die Augen der Mutter
und mir wird klar,
daß ich sie
in dieser schweren Stunde
nicht trösten kann.

So bitte ich dich, Herr,
schenke DU ihr
Hoffnung,
die mehr ist
als ein billiger Trost.

Gepriesen sei der Gott und Vater Jesu Christi, unseres Herrn, der Vater des Erbarmens und der Gott allen Trostes. Er tröstet uns in all unserer Not, damit auch wir die Kraft haben, alle zu trösten, die in Not sind, durch den Trost, mit dem auch wir von Gott getröstet werden.

2 Korinther 1, 3–4

28 aktiv sein

Also unsere Gemeinde
hat aber auch wirklich Pech
mit dem neuen Pfarrer!
Die Gottesdienste sind langweilig,
die Predigten liest er ab
und beim Pfarrgemeinderat
will er immer das letzte Wort haben.
Er kümmert sich nicht
um die Jugend
und die Kindermessen sind auch nicht das,
was sie mal waren,
als der Kaplan sie noch vorbereitet hat.
Nur mit den Alten,
den Spießern,
da kann er's gut,
die haben ja auch Geld
zum Spenden
für die neue Orgel
für den Kirchturm,
für neue Fenster,

für einen neuen Taufstein.
Also der neue Pfarrer
ist unmöglich.
Mal sehen,
wie das weitergeht?!
Wenn der nicht wenigstens versucht,
mal auf die wirklichen Probleme
der Jugend
und überhaupt der Leute
einzugehen,
statt sich nur
um die neue Orgel
  den Kirchturm
  das neue Fenster
  den Taufstein
zu kümmern –
wird die Kirche bald ganz leer sein.
Mit solch einem Pfarrer
ist „Kirche" tot.

Aber:
Kirche – Pfarrer:
ist das alles?
Bin ich nicht auch noch da?
Statt nur zu meckern,
sollte ich mich vielleicht selbst
ein wenig mehr in der Gemeinde
einsetzen?
Oder vielleicht auch mal
mit dem Pfarrer sprechen –
ein offenes Wort wagen?
Aber freundlich –
denn leicht hat so ein Pfarrer
es ja nun wirklich nicht...

Herr, lehre mich *aktiv* sein
in der Gemeinde,
weil auch ich ein Mosaiksteinchen
in dieser Kirche bin,
vielleicht ein blaues,
oder grünes oder gelbes.
Aber ich *bin* eins
und ohne mich wäre das Bild zerstört.
Herr, laß mich *aktiv* sein,
damit „Kirche“ leben kann
und nicht durch mich Schaden nimmt!

> Darum bist du unentschuldbar –
> wer du auch bist, Mensch –,
> wenn du richtest.
> Denn worin du den andern richtest,
> darin verurteilst du dich selber,
> da du, der Richtende, dasselbe tust.
>
> *Römer 2, 1*

29 *Brücke sein können*

Gott ist immer am anderen Ufer
und nie erreichbar
für die religiösen Nichtschwimmer
unserer Zeit.
Ich lebe mit ihnen zusammen, Herr,
und bin mir im Klaren,
daß auch ich oft genug

am diesseitigen Ufer bin.
Und zwischen uns,
zwischen DIR und UNS
ist das weite Meer:
das Meer der tausend Glaubenszweifel,
das Meer der Oberflächlichkeiten,
das Meer des Unwissens,
das Meer des Unglaubens,
und schließlich auch
das Meer der Interesselosigkeit,
und mehr,
vieles mehr...

Herr, laß mich eine *Brücke sein können,*
damit die vielen Nichtschwimmer
diese vielen Meere
überwinden können,
um zu dir zu gelangen.
Und wenn's dir nichts ausmacht, Herr,
dann sei du das Brückengeländer!

Lieber Bruder, du handelst treu in allem,
was du an den Brüdern,
sogar an fremden Brüdern tust.
Sie haben vor der Gemeinde
für deine Liebe Zeugnis abgelegt.
Du wirst gut daran tun,
wenn du sie für ihre Reise
so ausrüstest, wie es Gottes würdig ist.

3 Johannes 5–6

Gottes Liebe ist immer größer,
als unser Leid sein kann.

Franz von Sales

V

Standhalten

30 *suchen können*

Welch ein Glück!
Endlich hatte ich Gott gefunden
nach langem Suchen
und manchen Auseinandersetzungen.
Nun hatte die Welt Sinn,
ich war sicher und geborgen.
Ich teilte mich meinen Freunden mit,
ich war glücklich,
Gott
gefunden zu haben.
Und dann kam
der Karfreitag!
Nicht der vor Ostern,
ein anderer...
mein ganz persönlicher.
Da paßte Gott nicht mehr in meine Welt,
da hatte ich ihn wieder verloren.
Denn er war so ganz weit weg von mir:
als ich ihn brauchte
als ich zu ihm betete
in jener Zeit,
als ich keinen Menschen hatte,
ganz allein und einsam war.
Und ich war enttäuscht und verbittert.
Wie kann Gott das zulassen?
Nein!
Nein, so einfach ist das nicht!

Herr, laß mich nicht aufgeben,
sondern lehre mich wieder *suchen* können,
DICH

immer wieder *suchen* können:
in den täglichen Dingen und Ereignissen,
den guten und weniger guten
und vor allen Dingen
in den Brüdern und Schwestern
in meinem Haus –
in meiner Schule –
an meinem Arbeitsplatz –
am Straßenrand –
im Krankenhaus –
überall!
Vielleicht begreife ich dann
eines Tages ganz überraschend,
welchen Sinn es hatte
so von Gott verlassen zu sein.
Vielleicht –
daß er mich gar nicht
verlassen hatte?

Des Nachts auf meinem Lager suchte ich ihn, den meine Seele liebt. Ich suchte ihn und fand ihn nicht. Aufstehen will ich, die Stadt durchstreifen, die Gassen und Plätze, ihn suchen, den meine Seele liebt. Ich suchte ihn und fand ihn nicht. Mich fanden die Wächter bei ihrer Runde durch die Stadt. Habt ihr ihn gesehen, den meine Seele liebt? Kaum war ich an ihnen vorüber, fand ich ihn, den meine Seele liebt. Ich packte ihn, ließ ihn nicht mehr los.

Hoheslied 3, 1–4

31 unruhig sein

Zum 31. 12. bekam
mein Freund Hugo
von seiner Firma
die Kündigung
ins Haus geschickt
und
Kündigung bedeutet soviel wie:
Abgeschrieben.
Abgeschrieben
auf einem Stück Papier –
das K. o.
seiner Lebenshoffnung!
Und Hugo war
zwanzig!
So saß Hugo jeden Morgen
auf der Bank beim Arbeitsamt
und
hoffte
und
hoffte
und
gab auf...

Und
Trauerreden
und
Trauergäste
und
schwarze Anzüge und
schwarze Krawatten
und

ein Blumengesteck mit Schleife von
Hugos Firma
sowie
ein stiller Gruß:
Wir werden ihn nie vergessen!
Vergessen!
So schnell kann
das gehen.
Und ich muß
– *darf* –
heute wieder zur Arbeit gehen
und denke an die
vielen Arbeitslosen
und Gekündigten
und Abgeschriebenen
mit ihrer
Hoffnungslosigkeit
und Zukunftsangst
und Ratlosigkeit.
Sie wohnen in meiner Nähe,
ich gehe an ihren Häusern vorbei
und mir wird klar:
Auch Hugo ist –
nein *war*
einer von ihnen!

Herr, laß mich *unruhig* sein,
solange viele Kameraden
und Freunde
arbeits-los sind
und ohne Hoffnung
und ohne Zukunft
und ratlos!

Stütze mich, damit ich lebe,
wie du es verheißen hast.
Laß mich in meiner Hoffnung
nicht scheitern!

Psalm 119, 116

32 *heil machen*

Klaus und Inge
haben sich total zerstritten
und ihre Freundschaft und Liebe
scheint zu platzen.
Da kommt Klaus zu mir
und spricht sich über Inge aus
und nennt mir all ihre
Schwächen,
Eigenheiten,
Ängste,
Sehnsüchte,
Unsicherheiten,
Bosheiten,
Intrigen.
Und ich schimpfe tüchtig mit
über *Inge!*
Und dann kommt auch Inge zu mir
und spricht sich über Klaus aus
und nennt mir all seine
Schwächen,
Eigenheiten,
Ängste,

Sehnsüchte,
Unsicherheiten,
Bosheiten,
Intrigen.
Und ich schimpfe tüchtig mit
über *Klaus!*
Herr, da fehlt noch etwas.
Jeweils mit dem einen
über den anderen schimpfen
reicht nicht.
Jeweils nur die eine Seite
zu Worte kommen lassen
reicht nicht.
Beide sind miteinander
nicht gut umgegangen.

Herr, gib mir Offenheit und den Mut,
zwischen den beiden ehrlich
zu vermitteln
und laß mich dazu beitragen,
daß ihre Liebe
wieder ganz fest und heil wird!
Herr, lehre mich *heil machen*
damit Inge und Klaus
und ich
Heil erlangen.

> Euer Ja sei ein Ja,
> euer Nein ein Nein;
> alles andere stammt vom Bösen.
>
> *Matthäus 5, 37*

33 *glauben*

In der Schule habe ich einmal gelernt,
daß Gott ein guter Vater ist
und ich habe mich manchmal gefragt:
Was ist das, ein *guter* Vater?
Mutter hat oft geweint,
wenn Vater abends immer später,
sehr spät nach Hause kam.
Manchmal kam er auch gar nicht nach Hause.
Und ich habe mich gefragt:
Was ist das, ein *guter* Vater?
Mutter hat oft gebetet
mit uns Kindern:
„Und nun beten wir noch zu Gott,
daß Vater wieder gesund wird!"
Und dann ging Vater für einige Wochen
in eine Spezialklinik
und seitdem trinkt er keinen Alkohol mehr
und seitdem ist er abends
und nachts
immer zu Hause
und spielt mit uns,
spricht mit uns,
ißt mit uns,
ist bei uns.
Jetzt weiß ich besser,
was ein guter Vater ist.
Und ich frage mich:
War er eigentlich nicht immer schon
ein guter Vater?
War er vielleicht manchmal nur
so unendlich einsam –

so voller Probleme,
so voller Ängste,
daß er um Erleichterung zu spüren,
trinken *mußte*?
Und mir fällt etwas anderes ein:
Bist DU, Gott, nicht auch
dann ein guter Vater,
wenn du andere Wege gehst,
als wir es gern hätten?

Herr, lehre mich *glauben*
an den guten Vater zu Hause
und an den guten Vater im Himmel!

Ich lasse dich nicht fallen
und verlasse dich nicht.
Habe ich dir nicht befohlen:
Sei mutig und stark?
Fürchte dich also nicht,
und hab keine Angst;
denn der Herr, dein Gott,
ist mit dir bei allem,
was du unternimmst.

Josua 1, 5.9

34 *mitfühlen*

Es sollte ein toller Abend werden!
Um zwanzig Uhr war Treffpunkt
im „Hotel zur Post",
und wir wollten
mal einfach wieder alle
zusammenkommen
und richtig schön
essen gehen.
Freitagabend:
Peter und Petra
Konrad und Gretel
und ich.
Beim Frühstück hatte ich mich
eingeschränkt
und mittags
ganz gefastet
und der Hunger
war so richtig schön riesengroß,
aber er tat nicht weh,
denn bald würde es ja
ein gutes Abendessen geben.
Und dann,
zwischen Vorspeise und Hauptgericht,
kam mir ein ganz eigenartiger Gedanke
– ich weiß nicht,
ob es Zufall war oder Fügung –
ich mußte plötzlich
an die Slums von Kalkutta
denken und daran,
daß zwischen
Vorspeise und Hauptgericht

dort Kinder
und Alte
starben vor Hunger.

Herr, wenn ich jetzt die Gabel weglegen würde:
was würde das helfen und wem?
Aber um eines bitte ich dich, Herr:
Laß mich *mitfühlen!*

> Denn ich war hungrig, und ihr habt mir zu essen gegeben; ich war durstig, und ihr habt mir zu trinken gegeben; ich war fremd und obdachlos, und ihr habt mich aufgenommen; ich war nackt, und ihr habt mir Kleidung gegeben; ich war krank, und ihr habt mich besucht; ich war im Gefängnis, und ihr seid zu mir gekommen.
> Was ihr für einen meiner geringsten Brüder getan habt, das habt ihr mir getan.
>
> *Matthäus 25, 35–36.40*

35 *aussteigen und einsteigen*

Sie steht fast jeden Abend
mit Lackstiefeln
und Make-up
und schulterlangem Haar
und so weiter
am Straßenrand

und wartet
und schaut
und verkauft
sich
für gutes Geld.
Finanziell ist alles klar
und seelisch geht sie ein.
wer hilft ihr, Herr?
Denn sie ist doch
ein ganz wertvoller Mensch,
der aus der Not des Alltags
oder aus anderen Gründen,
die ich nicht kenne,
hier auf dem Strich gelandet ist.
Und unterm Strich
sieht das alles kaputt aus:
Mensch ohne Hoffnung –
Worte ohne Bedeutung –
Leib ohne Herz –
Liebe ohne Sinn.

Herr, laß sie *aussteigen*
und *einsteigen*
in dein Boot.

Urteilt nicht
nach dem Augenschein,
sondern urteilt gerecht!

Johannes 7, 24

36 *hoffen*

Der Krebs
hatte ihn schon äußerlich gezeichnet
und es konnte sich nur noch
um Tage handeln
und dabei fiel mir auf,
daß wir immer nur sagten:
„Es“ kann sich nur noch um Tage handeln,
aber dieses „Es“ war der Tod.
Und so war mein Besuch
auf der Intensivstation
voller Angst, Unsicherheit,
Schrecken,
ohne Hoffnung;
tausend Ängste hatten
meine Hoffnung zerstört!
Und dann das Surren
und Piepsen
und Ticken.
Wer lebt da eigentlich noch?
Und er,
ER, der Sterbende
faßte *meine* Hand,
die bleiche,
zittrige,
verschwitzte.
Und er,
ER, der Sterbende,
sagte zu *mir:*
Ich werde jetzt sterben
aber es wird mich nicht töten.
Ja, ich glaube an das ewige Leben.

Herr, lehre mich
hoffen
wie dieser Sterbende.

> Gut ist der Herr zu dem,
> der auf ihn hofft,
> zur Seele,
> die ihn sucht.
>
> *Klagelieder 3, 25*

37 *bleiben*

Oft träume ich davon,
auf einen anderen Stern zu reisen,
um allen
Konflikten
Ängsten
und Zweifeln
davonzulaufen.
Oft träume ich davon,
in eine andere Stadt zu ziehen,
um Menschen
Dingen
und Verpflichtungen
auszuweichen.
Oft träume ich davon,
Mutter und Vater
und Geschwister
und Freunde

einfach
hinter mir zu lassen.
Oft träume ich davon,
Glaube und Gott
über Bord zu werfen,
um meinen eigenen Weg
zu gehen
gehen, einfach gehen, abhauen.

Herr, wecke mich auf aus diesen Träumereien.
Denn wohin ich auch gehe,
gibt es
Menschen
Zweifel
Konflikte.
Herr, hilf mir,
sie anzunehmen
und laß mich *bleiben*
auf dieser Erde
in meinem Land
in meiner Stadt
bei Mutter, Vater,
Geschwistern und Freunden
in meinem Glauben
und bei meinem *GOTT.*

Sei treu bis in den Tod;
dann werde ich dir
den Kranz des Lebens geben.

Offenbarung 2, 10

VI

Schweigen

Unsere größten Erlebnisse
sind nicht unsere lautesten,
sondern unsere
stillsten Stunden.

Jean Paul

38 *schweigen*

In mir ist soviel Unruhe,
Lärm, Angst, Unsicherheit,
Ratlosigkeit.
Meine Gedanken und mein Herz sind verwirrt
von der Unruhe in mir.
Ärger, Konflikte, Streit,
Erlebnisse –
Bilder –
Wünsche
bedrängen und scheinen mich
manchmal fast zu zerstören.
Herr, lehre mich
Ab-stand
gewinnen
von mir selbst,
von der Unruhe,
von Lärm,
von der Angst,
von Unsicherheit und Ratlosigkeit.
Gib mir die Kraft zur
Stille!

Herr,
lehre mich *schweigen*
und *hören*
auf dein Schweigen.
In diesem Schweigen
höre ich dann vielleicht
deine Stimme
und kann
neue *Hoffnung* schöpfen,

neuen *Glauben* finden
und neue *Liebe* entdecken.
Herr, lehre mich endlich *schweigen,*
auch jetzt!

> Da stand der Hohepriester auf und fragte Jesus: Willst du nichts sagen zu dem, was diese Leute gegen dich vorbringen? Jesus aber schwieg. Darauf sagte der Hohepriester zu ihm: Ich beschwöre dich bei dem lebendigen Gott, sag uns: Bist du der Messias, der Sohn Gottes? Jesus antwortete: Du hast es gesagt.
>
> *Matthäus 26, 62–64*

39 weinen können

Krach zu Hause!
Krach,
lauter Krach.
Ich komme nach Hause
und schon streiten wir uns.
Die Welt stinkt mir,
alles stinkt mir.
Ich bin allein,
aber ich trage es.
Bin tapfer,
weil man das so von mir erwartet!
Ich darf es nicht zeigen,
das läßt mein Stolz nicht zu.

Ich bin ja ein ganzer Kerl,
mit Karriere,
mit Erfolg,
mit Bart!
Aber im Inneren,
da zerberste ich,
da zerspringe ich!
Und dann plötzlich
ziemlich überraschend
am Abend allein
kommen mir Tränen.
Und plötzlich
fühle ich
ganz unerwartet
so etwas
wie Erleichterung.
Feigling! sag ich zu mir.
Du bist doch ein Mann!
Schäme dich!
Und dann wieder der Krach
wie eh und je.
Ich muß hart bleiben,
oder?
Und dann auf einmal
sehe ich ein:
So geht's nicht weiter.

Herr, laß mich weinen können –
einfach einmal weinen können.
Herr, war es nicht so,
daß ich an dem Tag, als ich
weinen konnte
(so ein ganzer Kerl,
wie ich es bin!),

daß ich da richtig gelöst –
wie erlöst war?
Vielleicht sollte ich
noch einmal weinen?
Vielleicht, daß mir dann ein
paar Gedanken kommen,
wie wir Frieden halten können?
Herr, laß mich *weinen können.*

> Er richtete seine Augen
> auf seine Jünger und sagte:
> Selig, ihr Armen,
> denn euch gehört das Reich Gottes.
> Selig, die ihr jetzt hungert,
> denn ihr werdet satt werden.
> Selig, die ihr jetzt weint,
> denn ihr werdet lachen.
>
> *Lukas 6, 20–21*

40 hören

Seit einigen Wochen
geht mir mein Studienkollege
im Nachbarzimmer
auf den Wecker.
Ich höre alles:
Seine Schreibmaschine
(zu wenig Anschläge; und zu unregelmäßig).
Sein Telefonieren

(was der alles redet).
Sein Hin- und Herlaufen
(Mensch, kann der sich nicht mal hinsetzen?).
Sein lautes „Herein!"
(Wer mag das sein?)
Sein Radio
(immer nur Rock, Rock und Rock).
Sein Öffnen der Fenster
(frische Luft).
Sein Stuhlrücken
(der arbeitet auch nicht am Stück).
Sein Wasserhahn
(ob er heute Kaffee oder Tee kocht?).
Und dann –
klopft er bei mir.
Und jetzt –
habe ich keine Zeit und schweige.
Und klopft nochmals
und nochmals
und siebenmal.
Ich habe zu tun...
Und abends fragt er mich:
Warst du nicht da? –
Ich habe geklopft;
ich hab' DICH *gebraucht!*
Mensch, antworte ich
und schäme mich,
ich hab' nichts gehört! –

Herr,
lehre mich *hören,*
laß mich *hören!*
auf den Bruder
und auf dich!

Ich stehe vor der Tür
und klopfe an.
Wer meine Stimme hört
und die Tür öffnet,
bei dem werde ich eintreten,
und wir werden Mahl halten,
ich mit ihm
und er mit mir.

Offenbarung 3, 20

41 sich anlehnen können

Als ich ein Kind war
und mit meinen Freunden
und Geschwistern
durch den Wald streifte
und wir Versteck spielten
oder Räuber und Gendarm
oder auf „Fuchsjagd" gingen
oder bei der Schnitzeljagd schwitzten,
da passierte es schon mal,
daß ich einfach „kaputt" war.
Und da war ich immer dankbar,
wenn ich mich an einen
großen, starken Baum lehnen konnte,
um mich auszuruhen
und neue Kraft zu schöpfen.
Und abends zu Hause
war an meiner Hose noch immer
das satte Grün der Baumrinde sichtbar.

Gestern war ich mal wieder
schwach und müde
und „kaputt"
und erinnerte mich wieder
an den Baum meiner Kindheit;
ich suchte ihn,
aber fand ihn nicht wieder...
und suchte weiter
bis ich ihn fand
im Kreuz einer kleinen Kapelle,
denn ein Künstler
hatte seinen Stamm bearbeitet
und aus ihm ein Kreuz geschnitzt:
kraftvoll, majestätisch, erhaben!
Und ich war dankbar,
daß ich mich an den großen, starken Baum
anlehnen konnte,
um mich auszuruhen
und neue Kraft zu schöpfen.
Und abends zu Hause war
– wie früher das Grün
an meiner Hose sichtbar war –
in meinem Herzen die Kraft spürbar.

Und heute kam mir so der Gedanke:
Herr, laß mich
so ein Baum sein,
stark und fest,
ohne Angst vor Sturm und Wind,
damit sich viele
an mich lehnen können:
die Müden
die „Kaputten"
die Gehetzten

die Ängstlichen
die Schwachen
die Behinderten.
Und laß dann abends, Herr,
wenn diese Menschen
nach Hause kommen
bei ihnen noch etwas sichtbar sein
vom satten Grün meiner Rinde
von der Kraft,
die von dir kommt.

Herr, laß mich *anlehnen können,*
damit andere sich an mich
lehnen können.

Gesegnet der Mann, der auf den Herrn sich verläßt und dessen Hoffnung der Herr ist. Er ist wie ein Baum, der am Wasser gepflanzt ist und am Bach seine Wurzeln ausstreckt: Er hat nichts zu fürchten, wenn Hitze kommt; seine Blätter bleiben grün; auch in einem trokkenen Jahr ist er ohne Sorge, unablässig bringt er seine Früchte.

Jeremia 17, 7–8

42 allein sein können

Ich hatte so die Angewohnheit,
immer dann,
wenn ich in den Wald ging,
einen guten Freund einzuladen
und wir redeten und redeten
über Gott und die Welt –
wie man so sagt.

Ich hatte die Angewohnheit,
immer dann,
wenn ich abends
nach Hause kam,
das Fernsehen einzuschalten
oder das Radio
oder zu telefonieren.

Und dann hatte einmal
mein Freund keine Zeit
und ich ging allein
in den Wald
und entdeckte,
daß der nicht nur
aus Bäumen bestand.
Und dann war einmal
der Strom weg
und der Fernseher ging nicht
und auch
das Radio nicht.
Und mein Telefonpartner
war auch nicht zu Hause!
Und da habe ich entdeckt:

Welch ein Friede
in der Stille liegen kann
und welch eine Befreiung
in der Einsamkeit.

Herr, laß mich *allein sein können.*

Bei Tagesanbruch verließ er die Stadt
und ging an einen einsamen Ort.

Lukas 4, 42

VII

Leben pflegen

Pflege das Leben,
wo du es triffst.

Hildegard von Bingen

43 *mitgehen*

Ich möchte ein Mensch SEIN,
von dem ein anderer sagt,
daß er ihn *braucht.*
Ich möchte ein Mensch sein,
von dem ein anderer sagt,
daß er ihn *gut* findet.
Ich möchte ein Mensch sein,
von dem ein anderer sagt,
daß er ihm *Stütze* ist.
Ich möchte ein Mensch sein,
von dem ein anderer sagt,
daß er,
trotzdem ich ihn vielleicht schon oft
enttäuscht habe,
immer wieder zu mir kommen würde.

Ich möchte einen Menschen HABEN,
dem ich sagen kann,
daß ich ihn *brauche.*
Ich möchte einen Menschen haben,
dem ich sagen kann,
daß ich ihn *gut* finde.
Ich möchte einen Menschen haben,
dem ich sagen kann,
daß er mir *Stütze* ist.
Ich möchte einen Menschen haben,
dem ich sagen kann,
daß ich,
trotzdem er mich vielleicht schon oft
enttäuscht hat,
immer wieder zu ihm kommen würde.

Herr, laß mich *Mensch* sein
und einen Menschen haben,
den ich
nicht überrennen,
nicht manipulieren,
nicht tyrannisieren,
nicht einsperren,
nicht vereinnahmen,
nicht besitzen,
nicht vergewaltigen
nicht auf's Kreuz legen,
sondern mit dem ich
einfach *mitgehen* will
weil er MICH braucht und ich IHN!

> Der Freund erweist
> zu jeder Zeit Liebe,
> als Bruder für die Not
> ist er geboren.
>
> *Sprichwörter 17, 17*

44 sich ändern

Als mein Großvater achtzig wurde,
hielt er uns eine kleine Ansprache:
Wenn ich nochmals zwanzig wäre,
würde ich viel *ruhiger* sein
inmitten von Hast und Lärm,
viel mehr bedenken,

welcher Friede in der Stille
herrschen kann.
Ich würde die Wahrheit
immer viel *ruhiger*
und *deutlicher* sagen
und meine Mitmenschen
geduldiger anhören!
Ich würde lärmende
und aggressive Menschen meiden
und niemals Zuneigung heucheln.
Ich würde keinen festhalten
und einsperren in den Käfig
meiner Einsamkeit!
Ich würde mir selbst
eine gesunde Disziplin auferlegen,
aber dabei auch immer
gut mit mir selber umgehen.
Ich würde versuchen,
Frieden und Harmonie
mit mir,
mit Gott
und mit den Menschen zu halten!
Ich würde felsenfest glauben
und mir bewußt machen,
daß mein *Bruder*
mit all seiner
Düsterheit,
seiner Angst,
seiner Not,
seiner Leidenschaft,
seiner Liebe,
seiner Treue,
seiner Hoffnung,
seiner Verzweiflung

doch in Wahrheit ein Mensch ist
mit all seinen positiven und negativen Seiten –
wert, geliebt zu werden.
Ich würde versuchen,
ein bißchen Sonne
in die Welt zu tragen,
um sie zu verändern...
Ich würde *mich* verändern.

Herr, lehre mich,
daß ich mich heute *ändere.*

Gepriesen sei der Gott und Vater
unseres Herrn Jesus Christus:
Er hat uns in seinem großen Erbarmen
neu geboren,
damit wir durch die Auferstehung
Jesu Christi von den Toten
eine lebendige Hoffnung haben.

1 Petrus 1, 3

45 reden können

Schweigen – zur rechten Zeit –
ist ja ganz schön und wichtig
und lebensnotwendig.
Manchmal müßten wir
viel mehr schweigen,
um im Schweigen

dich, Herr,
zu hören.
Aber es gibt auch Zeiten,
da muß man reden:
wenn ich den guten Ruf
eines Menschen
zu verteidigen habe
oder wenn über das Heiligste
gespottet wird
oder wenn Liebe
im Abfalleimer landet
oder wenn Trotz und Neid und Streit
die Lippen zusammenpressen wollen
dann, Herr,
laß mich *reden* können.
Herr,
du hast zwar auch dreißig Jahre
geschwiegen
und nur drei Jahre geredet.
Eigentlich ganz
unproportional.
Was nun mein Leben betrifft,
so befinde ich mich
manchmal in einer Situation
wo ich rede,
statt zu schweigen,
und
wo ich schweige,
statt zu reden.

Herr, laß mich *reden können,*
wenn es notwendig ist
und laß mich schweigen können,
wenn es die Liebe gebietet!

Darum redet und handelt
wie Menschen,
die nach dem Gesetz der Freiheit
gerichtet werden.
Denn das Gericht ist erbarmungslos
gegen den,
der kein Erbarmen gezeigt hat.
Barmherzigkeit aber
triumphiert über das Gericht.

Jakobus 2, 12–13

46 *schenken*

In unserem Haus ist es so üblich,
daß die Mutter uns beschenkt,
wenn wir ein Fest haben
oder eine gute Note
oder irgend etwas Gutes passiert ist!
Mutter schenkt gern,
oft ganz verrückte Dinge,
die uns Freude machen!
Eines Tages,
wir waren wieder mal alle
um den Abendtisch versammelt,
da stand ein herrliches Essen auf dem Tisch
und wir fragten uns:
Womit haben *wir*
das heute wieder verdient?
Es war doch nichts Besonderes, heute –
es war doch ein gewöhnlicher Werktag, heute –

es hat doch niemand ein besonderes Fest heute...
Mutter zündete die Kerze an
und stellte ein Blümchen auf den Tisch
– ich glaube, es war eine Rose
(die hatte sie morgens gekauft) –
und holte die Weingläser
und schenkte den Wein ein.
Sie schaffte es,
daß wir nur so staunten.
Und wir aßen
und tranken
und freuten uns an den guten Dingen;
und am Ende des Essens
da kamen ihr die Tränen:
„Heute ist mein Geburtstag
und ich habe mir diesen Abend
für euch geschenkt..."
Wir waren beschämt,
mehr als das,
und ich dachte:

Herr, lehre mich *schenken!*

Eine tüchtige Frau,
wer findet sie?
Sie übertrifft alle Perlen
an Wert.

Sprichwörter 31, 10

47 *genießen*

Wie erfrischend ist doch
der Waldlauf am Morgen
mit einem guten Freund
die Massagedusche vor dem
köstlichen Frühstück
mit Ei
und einer Rose
auf dem Frühstückstisch.

Wie gut läßt es sich reden
an der Theke
beim Frühschoppen
oder im Wohnzimmer
bei Elke und Wolfgang,
wenn wir dabei dann einen echten
Klosterlikör trinken
und manchmal auch zwei.

Wie wohl bekommt
am ersten Urlaubstag
das Eis mit Sahne
oder Schokoladeneis
oder ein Milchshake.

Wie gemütlich
ist die abendliche Runde
am Grill
mit Würstchen
oder Nackenkoteletts
und italienischem Rotwein.

Und bei allem bin ich
glücklich und zufrieden,
und meine Freunde sind gern bei mir.
Aber eines Tages spüre ich,
daß ich anders leben muß
und gebe das alles wieder auf:
das köstliche Frühstück mit Ei
den Frühschoppen
und den Klosterlikör,
den Grillabend
mit italienischem Rotwein.
Warum tue ich das?
Aus Überdruß?
Warum will ich freiwillig fasten?
Ein „Opfer" bringen?
Aber ich stelle fest:
seitdem ich mir dies alles
und auch meinen Freunden
nicht mehr gönne
und nicht mehr mit ihnen
die kleinen schönen Dinge
genieße,
bin ich *ungenießbar* geworden.
Was stimmt nicht?
Offenbar bringe ich das „Opfer"
nicht freiwillig,
kann mich nicht dazu zwingen,
obwohl ich es wollte.
Bin ich noch nicht reif dafür?
Mache ich etwas falsch?

Herr, lehre mich (wieder)
genießen,
damit ich genießbar bin.

Denn alles, was Gott geschaffen hat,
ist gut,
und nichts ist verwerflich,
wenn es mit Dank genossen wird;
es wird geheiligt
durch Gottes Wort
und durch das Gebet.

1 Timotheus 4, 4–5

48 nicht kaufen

Im Aktuellen Sportstudio
sagte vor einigen Wochen
ein junger Sportler:
„Der XY-Verein will mich für
Einskommafünfmillionen
kaufen;
der Vertrag ist quasi perfekt!"
Er sagte es so, als wenn es
das Selbstverständlichste
auf der Welt wäre!
Und wir nahmen es auch so auf,
als wenn es das Selbstverständlichste
auf der Welt wäre!
Ein Mensch: verkauft!
Ein Sportler: verkauft!
Verkauft!?
Und dann fielen mir, Herr, die
dreißig Silberlinge ein!
Und dann der Einkauf von:

Anerkennung,
Glück,
Freundschaft,
Liebe –
Liebe?
Alles (oder fast alles) kann man kaufen:
im Bungalow oder in der Scheune!
Transfer – Handel – Silberstücke –
Verrat – Tod.
„Straßenverkauf" –
„Ich – Karussell" –
„Leidenschaft".
Wobei uns das alles ganz schön schafft!
Und doch machen wir immer weiter.
Und dann sehe ich zwei Jungen;
sie schießen mit dem Ball auf ein Tor;
und nach einer Weile
trinken sie zusammen aus einer Dose.
Kein Transfer – kein Handel –
keine Silberstücke –
kein Verrat – kein Tod;
das ist Freundschaft,
Liebe, Leben, Sinn!

Herr, laß mich
Menschen –
Freunde –
Anerkennung –
Liebe
nicht *einkaufen*
wie eine Ware
(das läuft sowieso nicht)
und laß mich
– vor allen Dingen –

MICH und DICH
nicht für dreißig Silberlinge
verkaufen!

Darauf ging einer der Zwölf namens Judas Iskariot zu den Hohenpriestern und sagte: Was wollt ihr mir geben, wenn ich euch Jesus ausliefere? Und sie zahlten ihm dreißig Silberstükke. Von da an suchte er nach einer Gelegenheit, ihn auszuliefern.

Matthäus 26, 14–16

49 tanzen können

Ich habe die Nase voll
von den heißen Platten,
den heißen Rhythmen,
der heißen Luft,
den heißen Körpern
in der Diskothek!
Und zwischendurch mal
fünf Minuten hinaus
für einen Anruf nach Hause:
„Heute abend könnte es später werden!"
Verlogen! Es ist verlogen,
wenn ich so etwas sage!
Es *wird* später.
Und immer das Gleiche, Herr.
Von den anderen lasse ich

mich überreden zu bleiben
und dann bin ich
enttäuscht, ziellos, haltlos.
Nein, wenn ich es richtig betrachte,
bringt mir die Disko nichts...
und Samstag
gehe ich wieder hin
und wieder
und wieder,
magnetisch (fast) werde ich
an-gezogen.
Ich irre herum
zwischen Disko und Stille –
zwischen Traum und Wirklichkeit
und suche Glück, mein Glück.

Herr, ziehe mich an dich
und laß mich wieder
– wie früher einmal –
tanzen können
vor lauter *Glück.*

> Wir sollen nicht mehr unmündige Kinder sein, ein Spiel der Wellen, hin und her getrieben von jedem Widerstreit der Meinungen, dem Betrug der Menschen ausgeliefert, der Verschlagenheit, die in die Irre führt. Wir wollen uns, von der Liebe geleitet, an die Wahrheit halten.
>
> *Epheser 4, 14–15*

50 *Leben pflegen*

Nach langen, qualvollen Nächten
hatte ich mich endlich durchgerungen
in die Klinik zu gehen,
um abtreiben zu lassen,
denn das neue Leben in mir
war noch nicht eingeplant
und mein Freund stimmte zu.

Und vorne, am Eingang der Klinik,
entdeckte ich eine alte Frau,
die mit sehr viel Sachkenntnis
Rosen beschnitt
und das tat sie mit soviel Liebe
als ob es für sie
nichts Wertvolleres auf der Welt gäbe!

Und auf dem Gang zu meinem Krankenzimmer
fütterte ein kleines Mädchen
Goldfische
und sprach mit ihnen
ganz lustige Dinge
und lachte
und freute sich und fütterte und fütterte,
als ob es für sie
nichts Wertvolleres auf der Welt gäbe.

Und in meinem Zimmer lag
eine junge Mutter,
die voller Freude und Stolz
und Dankbarkeit
ihr erstes Kind in ihren Armen hielt

und es allen
– auch mir –
zeigte.
Das tat sie mit soviel Liebe,
als ob es für sie
nichts Wertvolleres auf der Welt gäbe!

Und dann habe ich noch einmal
richtig nachgedacht:
Leben von Blumen
Leben von Fischen
Leben, das eine Mutter ihrem Kind
geschenkt hatte
Leben in mir –
mehr wert als Blumen und Fische,
aber für mich und meinen Freund
weniger wert als für die Alte die Rosen
weniger wert als für das Kind die Fische
und neben mir
die glückliche Mutter
mit ihrem Baby!
Sie war es wohl,
die meinen Standpunkt verrückte
und ich rannte nach Hause
und weinte vor Glück:
Leben in mir!
Geschenk von dir!
Dankbar und voller Freude
erwarte ich mein Kind
– *mein Kind* –
und es gibt für mich
nichts Wertvolleres auf dieser Welt.

Herr, laß mich das *Leben pflegen!*

Kann denn eine Frau
ihr Kindlein vergessen,
eine Mutter
ihren leiblichen Sohn?
Und selbst wenn sie ihn
vergessen würde:
ich vergesse dich nicht.
Sieh her:
Ich habe dich eingezeichnet
in meine Hände.

Jesaja 49, 15–16

VIII

Vertrauen

Gottes Kraft
geht alle Wege mit.

Alfred Delp

◁ *See Gennesaret*

51 *mich wiederfinden*

Ich habe mich verloren
in Kleinigkeiten, Ängsten, Zweifel.
Ich bin weit weg von mir:
von meiner Großzügigkeit,
von meinem Mut,
von meiner Klarheit.
Herr, laß mich *mich* wiederfinden.
Wo soll ich mich suchen?
In den Träumen der Kindheit,
im Stadion der Westkurve,
in den Katakomben von Rom
oder in der Pizzeria?
Ich bin immer irgendwo anders,
und das macht das Suchen
so hoffnungslos
und das Finden so schwer.
Plötzlich,
wie aus heiterem Himmel,
entdecke ich mich im
Jetzt.
Welche Erfahrung!
Herr, ich habe *mich* wiederentdeckt!
Wiedergefunden!
Ja, ich habe suchen müssen,
aber ich habe
– Gott sei Dank –
nicht aufgegeben.
Und *jetzt* bin ich glücklich,
denn indem ich *mich* entdeckt habe,
habe ich auch DICH
wiedergefunden.

Herr, laß mich immer wieder
mich – DICH wiederfinden.

> Wenn ihr mich ruft,
> wenn ihr kommt
> und zu mir betet,
> so erhöre ich euch.
> Sucht ihr mich,
> so findet ihr mich.
> Wenn ihr von ganzem Herzen
> nach mir fragt,
> lasse ich mich von euch finden.
>
> *Jeremia 29, 12–14*

52 See Gennesaret sein können

Also, Herr, was du da gemacht hast
in der vierten Nachtwache,
das hat deinen Freunden
zunächst ganz schön Angst eingejagt.
Aber deine tiefe, nicht auszulotende
Sehnsucht,
immer bei deinen Freunden sein zu wollen
hat dir die Kraft gegeben,
selbst über einen See
– über das Wasser! –
zu gehen.
Und wenn ich das so bedenke, Herr,
dann kommt mir die Frage:

Willst du nicht auch
durch *mich*
zu den Menschen gehen?
Zu den Menschen
in meiner Familie,
an meinem Arbeitsplatz,
in meiner Schule,
in meinem Hochhaus,
in meiner Hütte?
Aber es wird nicht einfach sein.
Ich muß dich schon
– wie jener See –
tragen
können – dürfen – wollen!

Ja, Herr, ich will!
Laß mich See Gennesaret sein,
auf dem DU
zu den Menschen gehen willst.
Schenke mir ruhigen Seegang,
damit du bei mir nicht „baden gehst".
Herr, laß mich
See Gennesaret sein können!

Gleich darauf forderte er die Jünger auf, ins Boot zu steigen und an das andere Ufer vorauszufahren. Inzwischen wollte er die Leute nach Hause schicken. Nachdem er sie weggeschickt hatte, stieg er auf einen Berg, um in der Einsamkeit zu beten. Spät am Abend war er immer noch allein auf dem Berg. Das Boot aber

▽

▽
war schon viele Stadien vom Land entfernt und wurde von den Wellen hin und her geworfen; denn sie hatten Gegenwind. In der vierten Nachtwache kam Jesus zu ihnen; er ging auf dem See. Als ihn die Jünger über den See kommen sahen, erschraken sie, weil sie meinten, es sei ein Gespenst, und sie schrien vor Angst. Doch Jesus begann mit ihnen zu reden und sagte: Habt Vertrauen, ich bin es; fürchtet euch nicht!

Matthäus 14, 22–27

53 beten

Als ich einmal viele Sorgen
und Probleme hatte,
versuchte ich sie,
einem Menschen
zu erklären;
aber er konnte mir auch nicht
weiterhelfen,
so gerne er es
auch getan hätte!
Dann ging ich
zu meinem Freund
und versuchte,
ihm meine Sorgen und Probleme
zu erklären;
aber er konnte mir auch nicht

weiterhelfen,
so gerne er es
auch getan hätte!
Er war selber in Not
und steckte unheimlich „drin".
Aber es ging gut,
die Sorgen und Probleme
gingen vorüber.
Und es begannen
glückliche Zeiten.
So wollte ich mein Glück
mit anderen TEILEN.
Und ich ging
zu einem Menschen,
aber er hörte gar nicht zu,
weil ihn ein Problem quälte.
Dann ging ich zu meinem Freund
– er würde sich gewiß
über mein Glück freuen –
aber er hatte Krach mit seiner Frau.
Er wollte von Glück
im Moment nichts wissen.
Herr, es ist schrecklich,
daß ich mit niemandem
sprechen kann:
weder in Not und Gefahr
noch im Glück.

Lehre mich,
all meine Sorgen und Probleme
vor dich zu tragen
und ebenso mein kleines
oder großes Glück.
Herr, lehre mich *beten!*

Beugt euch also in Demut
unter die mächtige Hand Gottes,
damit er euch erhöht,
wenn die Zeit gekommen ist.
Werft alle eure Sorgen auf ihn,
denn er kümmert sich um euch.

1 Petrus 5, 6–7.

54 Stein sein können

Herr, daß wir uns nicht falsch
verstehen!
Ich meine nicht den Stein,
der anderen ein Loch
in den Kopf schlägt
oder sonst verletzt
oder gar tötet!
Nein!
Ich meine auch nicht
den Stein,
der anderen im Weg liegt
und ihnen das Leben versauert
oder die Zukunft verbaut!
Auch nicht den Stein, der
(ganz klein und
im Schuh versteckt)
den Wanderer unterwegs
quält und
behindert!
Nein!

Herr, laß mich Stein sein können,
der *Stufe* bedeutet,
Stufe zum Nächsten. –
Stufe zu dir!
Herr, laß mich Stein sein können
der
Eckstein ist
in einer Gemeinschaft.
Herr, laß mich Stein sein,
der Fundament ist
für deine Kirche!
Herr, laß mich *Stein sein können!*

Ihr habt erfahren, wie gütig der Herr ist. Kommt zu ihm, dem lebendigen *Stein*, der von den Menschen verworfen, aber von Gott auserwählt und geehrt worden ist. Laßt euch als lebendige Steine zu einem geistigen Haus aufbauen, zu einer heiligen Priesterschaft, um durch Jesus Christus geistige Opfer darzubringen, die Gott gefallen.
Denn es heißt in der Schrift: Seht her, ich lege in Zion einen auserwählten Stein, einen Eckstein, den ich in Ehren halte; wer an ihn glaubt, der geht nicht zugrunde.

1 Petrus 2, 3–6

vertrauen können

Aufbrechen können
Zukunft wagen
erleben
frei sein
etwas riskieren
stark sein
lachen
umarmen
umkehren
danken
verzeihen
entgegengehen
zustimmen
teilen
lieben können
lassen
„Franz Müller" sein
mit dem Finger in den Sand schreiben können
den Zaun abbrechen
werden wie ein Kind
prüfen
umgehen können
begegnen können
treu sein
gute Worte sprechen
lächeln
trösten
aktiv sein
Brücke sein können
suchen können
unruhig sein

heil machen
glauben
mitfühlen
aussteigen und einsteigen
hoffen
bleiben
schweigen
weinen können
hören
sich anlehnen können
allein sein können
mitgehen
sich ändern
reden können
schenken
genießen
nicht kaufen
tanzen können
Leben pflegen
mich wiederfinden
See Gennesaret sein können
beten
Stein sein können:

Herr, laß mich vertrauen können,
daß das, was ich so davon
in meinem Leben zusammenbringe –
daß es schon in Ordnung geht.
Herr, laß mich *vertrauen können.*

Foto- und Quellennachweis

Die Bibeltexte wurden mit freundlicher Genehmigung entnommen aus:
Einheitsübersetzung der Heiligen Schrift.

Fotos:
S. 14, 30/31, 60, 76/77, 92, 122: Hartmut Vogler, Ratingen;
S. 48: Holder, Urach; S. 104: Välme/Anthony-Verlag, Starnberg.

„Live"-Situationen im Leben junger Menschen

Peter Boekholt

Im Gegenwind

Leben ins Gebet genommen

1984. 157 Seiten. Paperback.
ISBN 3-7666-9348-4

Live-Situationen im Leben junger Menschen von heute, Erfahrungen, die zum Gebet werden. Die jungen Leute, die die in diesem Buch geschilderten Erfahrungen machen, erkennen: lassen sie sich selbst treiben oder passen sie sich zu sehr an, werden sie ihren eigenen Weg nicht finden. Sie orientieren sich am Wort Gottes, das radikal und hart erscheinen mag und oft nur im Gegenwind spürbar wird. Wer sich dieser Radikalität stellt und danach zu leben versucht – der wird neue Wege entdecken, für die es sich zu leben lohnt.
Dieser Band ging dem vorliegenden voraus.

„Im Gegenwind" ist ein Buch zum Dabeihaben auf Fahrten, bei Gruppenstunden und zum Alleinlesen... Ein Buch, das Jugendlichen und Jugendgruppenleitern vorbehaltlos empfohlen werden kann und von der ersten Seite an zum Weiterlesen einlädt.

themen – Mitteilungen des
Bischöflichen Jugendamtes Essen

Verlag Butzon & Bercker · Kevelaer

Modernes Jugend-Gebetbuch im Jeanstaschen-Format

Peter Boekholt
Norbert Johannes Hofmann

Lebensmosaik

Bausteine zum Gebet

1985. 200 Seiten. 12 Fotos. Kartoniert.
ISBN 3-7666-9404-9

Aus Erfahrungen, Wünschen, Hoffnungen, Zweifeln, Ängsten bilden Menschen ihr persönliches Lebensmosaik – und manchmal sind Muster und Bild nicht leicht zu erkennen...
Dieses Buch zeigt, daß Beten nichts Altmodisches ist, sondern eine echte Kraft darstellt. Es hilft jungen Menschen in überzeugender Weise, durch die Kraft des Gebetes ihr persönliches Lebensmosaik bilden zu können.
In drei Kapiteln, „Dem Leben trauen" – „In Beziehung leben" – „Den Glauben wagen" führen die Autoren schrittweise zu Sinn und Orientierung im Mosaik des Lebens.
Ein Gebetbuch, das die Sprache junger Menschen spricht – modern, mit aussagestarken Fotos und sehr handlich im Jeanstaschen-Format.

Verlag Butzon & Bercker · Kevelaer